知っておきたい
障がいのある人のSOS
②

学びにくい人の SOS

[著者]
河東田 博

ゆまに書房

もくじ

① はじめに 4

② どうして、学びにくくなるの？ 8

③ 学びにくい人のSOS 10

④ 街に出て調べてみよう 14

- ⑤ 学びにくい人の SOSを体験してみよう　　17
- ⑥ 学びにくい人の 経験を聴いてみよう　　20
- ⑦ 学びにくい人も、 社会参加を！　　24
- ⑧ 学びにくい人に 「役立つ情報」　　28
- ⑨ おわりに　　32

※本書の内容は、刊行当時のものです。

1 はじめに

学びにくい人のSOSって、何？

この本は、学びにくい人（知的障がいのある人）たちが、こまっていること、こまったときにどういうサインを出しているのか、わたしたちはそのサインをどう受けとめ、どうしたらよいのか、などについて書いたものです。学びにくい人たちが出しているSOSのサインについて、いっしょに考えてみましょう。

みなさんは、
SOSって何だと思いますか？
学びにくい人たちは、
学びにくいために、
こまっていることがたくさんあります。
こまったときに
何かサインを出しているはずです。

そのときのサインは
どういうサインなのか、
何を求めて出しているサインなのか、
もしわたしたちが
そのサインを読み取ることができたら、
学びにくい人のこまっていることは
かなり減るはずです。

学びにくい人を
理解しよう

学びにくい人は
こまることがたくさんある

この本では、学びにくいために、
こまって出しているサインのことを、
SOSとよぶことにします。
学びにくい人が出している
SOSを読み取り、
SOSを減らしていけるように
するためにはどうしたらよいのか、を
いっしょに考えていきましょう。

学びにくい人とは、次のような人のことをさします。

学習におくれがあり、

字がうまく書けない、文章がうまく読めない、計算がうまくできない人。

言われたことが理解できなかったり、うまくおぼえられない人。

感じたことをうまく表現できない人。

力持ちだけど
あまりしゃべらない
八百屋のお兄さん

学びにくい人は
身近にいる

みなさんは、
学びにくい人に出会ったことがありますか。
学びにくい人に出会ったとき、
どう思いましたか。

いつも
大人につきそわれて
学校に来る
あの子…

学びにくい人は
こまることが多い

学びにくい人たちが、こまっていること、
こまったときにどういうサインを出しているのか、
そのサインをどう受けとめ、どうしたらよいのか、を
考えてみましょう。

② どうして、学びにくくなるの？

学びにくくなる原因

学びにくい（知的障がい）とは、どういうことだと思いますか？
考えてみましょう。
どうして学びにくくなると思いますか？
考えてみましょう。
学びにくくなるのは、次のような理由によります。

① 生まれつきのもの

染色体に異常が見られるなど、
生まれる前から脳に障がいが残ることがわかっているものがあります。

② 事故や病気によるもの

生まれるときに
脳に酸素がいかなかったり、
事故が原因で頭を強く打ち、
脳に障がいが残ったり、
小さいときに何日も高い熱を出し、
脳に障がいが残ってしまう
こともあります。

●事故が原因になることも

●高熱が原因になることも

３ そのほか

親から虐待（ぎゃくたい）を受けるなど、
家庭環境（かんきょう）が原因で学びにくくなる場合もあります。

●虐待が原因になることも

学びにくくなると、
どんな不便なことがあると思いますか？

計算がうまく
できないことがある

言いたいことを
うまく伝えられない
ことがある

学びにくい人は、どんなSOSを
出していると思いますか？

③ 学びにくい人のSOS

学びにくい人（知的障がいのある人）たちが出しているSOSは、次のようにたくさんあります。

SOS 1　字がうまく書けない・文章がうまく読めない・計算がうまくできない

字がうまく書けなかったり、
文章がうまく読めなかったら、
どうでしょうか？

字がうまく書けなかったり、
文章がうまく読めなかったら、
何がこまるでしょう。

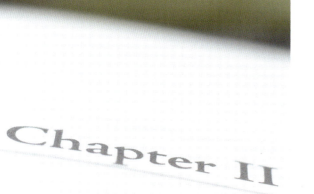

英語や漢字が書いてあると、
手紙や本がうまく読めなくなります。

買いものに行っても、
何をどのくらい買ったらいいのかが
わからなくなります。

箱に書いてある文字が読めなくて、
まちがって買ってしまうことがあります。

道を歩いていて、「注意！」という印があっても、
その印の字が読めなくて、あぶない目にあうかもしれません。

そのほかに、こまることはないでしょうか？

SOS 2 言われたことがわからない、うまくおぼえられない

言われたことがわからなかったら、何がこまるでしょうか。
言われたことがわかっても、うまくおぼえられなかったら、何がこまるでしょうか。

お使いに行くことができなくなるかもしれません。
何を買ってきたらよいか、わからなくなってしまうかもしれません。

そんなとき、どこに行ったらいいか、
何を買ってきたらいいか、を
メモや絵に書いてもらったり、
パッケージそのものをもっていくと
わかりやすいかもしれませんね。

買ってきてほしいものの
写真をもっていくと
もっとよくわかるかもしれませんね。

メモがあれば
買いものも安心

SOS 3 感じたことや思っていることをうまく伝えられない

だれだって、感じたことや思っていることを
うまく伝えられないことがあります。

学びにくい人たちは、感じたことや
思っていることを
うまく伝えられないことが多いのです。

感じたことや思っていることを
うまく伝えられないと、どうなるでしょうか。

> どぎまぎして、ますます感じたことや
> 思っていることをうまく伝えられなくなります。

> 何もわかっていないと思われてしまいます。

字がうまく書けなかったり、言われたことが理解できなかったり、
感じたことをうまく表現できないということが
障がいなんだということを知らないと、学びにくい人たちを、

> 特別に、あつかいます。

> 理由もないのに、こわがります。

> おかしな人と思ってしまいます。

> 同じ一人の人として見られなくなります。

> 子どもあつかいし、できない、わからないと決めつけてしまいます。

みなさんが、子どもあつかいされたり、
できない、わからない、と決めつけられたら、どう思いますか？

みなさんが、おかしな人と思われたら、どう感じますか？

4 街に出て調べてみよう

街の中のSOS

街には、
不安に感じることや不便なことが
たくさんあります。
不安に感じることや不便なことが
たくさんあると、
こまってしまいますよね。
こまったときに出てくるサインが
SOSなのです。

わたしたちのくらしている街のようすが、
絵で示されています。

街には
人や情報が
あふれている

街には、たくさんの人たちがくらしています。
街では、たくさんの人たちが働いています。
街には、たくさんの情報があふれています。

学びにくい人（知的障がいのある人）が、
どこで、どんなSOSを出しているかを考えてみましょう。

だれかが、
● 学びにくい人を、変な目で見ています。
● 「変なやつ」などと、言っている人もいます。

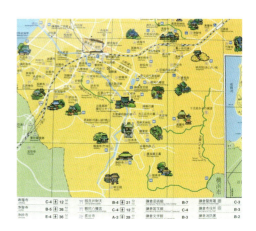

そう言われると、
いやな気分になってしまいます。

あなたが言われたら、どう思いますか？

街にあふれる情報（看板に書いてある広告など）に
何が書いてあるのか、よくわかりません。
英語や漢字で書かれていると、ますますわからなくなってしまいます。

鉄道の駅、バスの停留所が
どこにあるのかも、よくわかりません。
鉄道の駅、バスの停留所に
書かれているものも、よくわかりません。

お店の中に入っても、
何が書かれているのかよくわかりません。
観光案内にも、
何が書かれているのかよくわかりません。

どんなふうに書かれているか、
よく見てみましょう。

どうしたら学びにくい人にも
わかりやすく伝えることができるのか、を
考えてみましょう。

5 学びにくい人のSOSを体験してみよう

学びにくい人に役立つもの

学びにくい人（知的障がいのある人）が出しているSOSにうまくつきあっていくために、学びにくい人にもわかりやすく伝えることのできるものがあるといいですね。

学びにくい人も、すぐに使え、役立つものがあれば、SOSのサインが出しやすくなりますし、わたしたちもうまくつきあっていくことができます。

学びにくい人にも、すぐに使え、役立つ、絵や写真の入ったわかりやすいSOSを出しやすいものがたくさん開発されるようになってきました。

●写真がたくさんある情報誌

●わかりやすいパンフレット

たとえば、

- ●パンフレット　●機関誌・情報誌
- ●新聞　●資料　●教科書　●教材
- ●機械（パソコン、携帯電話、カメラなど）
- ●家庭用品・台所用品
- ●食品のパッケージ（箱）

などです。

絵カード

カナダで開発され、
世界各地で使われている
ピクトグラム（絵カードの一つ）が、
日本でもたくさん見られるように
なってきました。

福祉関係の職場でも、ホテルでも、
駅などでもたくさん見られるように
なってきています。

絵カードを組み合わせた、
コミュニケーションボードを
街ぐるみで使いはじめている
ところも出てきました。

コミュニケーションボードは、
コンビニエンスストアなどでも
利用されています。

コミュニケーションボードは、
学びにくい人だけでなく、
日本語のわからない外国人にも
役立っています。

コミュニケーションボードを
デジタル化し、携帯できるように
なっているものもあります。

手書きの
絵カード

絵カードなどわかりやすい情報がたくさんつくられるようになって、
SOSのサインをキャッチしやすくなってきました。
キャッチした情報を整理し、自分のものにすることができるようになってきました。

絵や写真の入った
わかりやすいものが
たくさん開発されるように
なってきたおかげで、
街には、たくさんのサインも
見られるようになってきました。

街にたくさんのサインが
見られるようになって、
どこに何があるか
わかるようになりました。

わかりやすい情報や
サインが増えることによって、
SOSのサインが出しやすく、
受けとめやすくなり、
とてもくらしやすくなりました。

実際に絵カードやピクトグラム、
コミュニケーションボード
などを使って
やりとりしてみましょう。

絵カードなどで、
将来の夢をえがいてみましょう。
しょうらい

●絵カードの一つであるピクトグラムは、世界各地で使われている

⑥ 学びにくい人の経験を聴いてみよう

「みんなでたすけあう会」がある

東京都小平市に「みんなでたすけあう会」があります。
「みんなでたすけあう会」とは、なかまのたすけあいの会です。
自分たちの生活を、自分たちでつくっていこうとする
なかまが集まってきています。

「みんなでたすけあう会」には、役員（会長、副会長、記録、会計）がいます。
支援者（2人）もいます。

●「みんなでたすけあう会」の役員会のようす

「みんなでたすけあう会」では、なかまが集まって、勉強会をしたり、
地域との交流を行っています。自分たちの意見を発表することもしています。

小平市の障がい福祉計画をつくるために、代表を委員として、送っています。
なかまが集まると、こまっていること（SOS）がたくさん出されます。
ここでは、「みんなでたすけあう会」で出されたSOSを紹介しましょう。

ぼくたち、わたしたちがこまっていること。
それは、小さいときから、
いじめられてきたことです。
友だちがなかなかできないことです。

読むのが苦手なことです。
計算が苦手なことです。

そうじ、せんたく、
食事づくりなどが、苦手なことです。
給料が安いことです。
いつもだれかに相談したり、手伝ってもらわなければならないことです。
子どもあつかいされることです。

会長の小林泰輔さん（32さい）は、
小平市の障がい福祉計画策定委員会の委員をしていますが、
次のような要望（SOS）を出しています。

資料にふりがなをふってほしい。

資料はわかりやすく書いてほしい。

みんなで勉強をしたいので、
委員会の2週間前に資料を送ってほしい。

支援者の分の資料を用意してほしい。

委員会では、

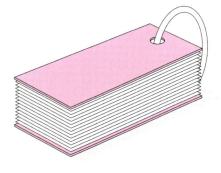

1時間に10分のきゅうけいをいれてほしい。

はっきり聞きとれるように、
マイクを使ってほしい。

みんながわかる言葉で話してほしい。

ゆっくり話してほしい。

みんなで話しあいができるように、
○×カードを使わせてほしい。

話しあいをふり返るために、
ホワイトボードの内容を撮影させてほしい。

●わかったかどうかを
　伝えるための○×カード

「みんなでたすけあう会」の人たちは、SOSのサインをたくさん出していますが、夢もたくさんもっています。
「みんなでたすけあう会」の役員の夢を聴いてみましょう。

わたしの夢は、
一人ぐらしのグループホームに
してほしいです。
みんなでいっしょに生活していても、
できるだけ
一人でやりたいと思います。
一人でやれるけど、だれか一人、
手伝う人がほしいです。

（小林泰輔)

ぼくの夢は、
ひとりぐらしです。自分でやります。
じょじょになれてきたら、
かのじょをもちたいです。
かていももちたいです。
子どもをつくりたいです。

（市川敬允）

わたしの夢は、
五木ひろしさんのコンサートに
行くことです。
かぞえきれないほど行きましたが、
また行きたいです。
わたしのもう一つの夢は、
けっこんすることです。

（宮川清子）

SOSのサインを受けとめてもらいながら、
街で快適な生活をし、
夢がかなうようになるといいですね。

7 学びにくい人も、社会参加を！

相談にのってくれる人がほしい

学びにくい人（知的障がいのある人）も、
SOSのサインを使って
社会参加できるようにするために、
どうしたらいいのか、を
みんなで考えてみましょう。

絵カードなどがあれば
思いを伝えられる

わかりやすく
伝えてくれれば
やりとりできるよ

学びにくい人も、
社会参加できるようにするために、
自分の思いを伝えることができる
絵カードや補助器があると
便利です。
わからないこと（言葉）を
通訳してくれる人（支援者）が
いてくれると助かります。

どこかに行くときに、相談にのってくれたり、
いっしょに行ってくれる人がいると助かります。

お金をあずかり、
管理してくれる人がいると助かります。

便利な
音声付補助器、
コミュニケーション
エイド

りょうり
くらぶに
はいりたい

音声付コミュニケーションエイド

先に紹介した「みんなでたすけあう会」では、
新聞を出したり、お金や権利にかんする勉強会を開いています。

学びにくい人たちの
もよおしなどのようす

学びにくい人が社会参加するために、
どんなSOSのサインがあるといいと思いますか？

SOSのサインには、社会的なものから個人的なものまでたくさんあります。
社会的なものとして、法律や制度、役立つ情報を
わかりやすく解説してくれるもの（本など）があります。
個人的なものとして、人とのやりとりをスムーズにしてくれる
絵カードや福祉機器などがあります。

わかりやすい情報がたくさん用意され、
いつでも、どこでも、かんたんに使えるようになるといいですね。

<ruby>街<rt>まち</rt></ruby>にあふれる情報を、わかりやすいサインなどで示してくれると助かります。
わかりやすいサインが街の中に
たくさん用意されるようになっていくといいですね。

だまっていては、何も解決しません。
だれもが、くらしやすい社会をつくるためにはどうしたらよいのか、
勉強したことを、発表しあいましょう。
社会にも伝えていくようにしましょう。

自分たちの街の障がい福祉計画を読み、意見を出しあいましょう。

ユニバーサルな社会をつくるためのサイン

学びにくい人（知的障がいのある人）に役立つ情報が
たくさんあります。わかりやすくデザインされたサインなどは、
だれにでも役立つ便利な情報です。

ユニバーサルな街づくりをしている国や社会があります。そうした社会には、
学びにくい人たちのためのSOSに役立つサインや情報、福祉機器があふれています。
わかりやすくデザインされたサインがたくさん見られます。

19ページのピクトグラムは、日本でも使いたくなるようなサインでしたね。
実は、日本にもピクトグラムでつくられたサインがたくさんあるんですよ。

ピクトグラム（図記号）

- 案内所
- 病院
- 障害のある人が使える設備
- 鉄道／鉄道駅
- レストラン
- 会計

日本の社会でも、
SOSのサインを受けとめてくれる人がたくさんいてくれるといいですね。
SOSを示すサインがたくさんつくられ、サインをとおしてSOSをキャッチし、
SOSが少なくなっていくようになるといいですね。

NHK Eテレ「バリバラ」など、障がいのある人のための番組があります。
一度見て、見た感想を出しあいましょう。

（公益財団法人 交通エコロジー・モビリティ財団提供）

学びにくい人のための
コミュニケーション用の道具が
たくさんつくられるようになってきました。
障がい者センターなどで
使われているものを見てみましょう。

絵カードや写真

文字盤

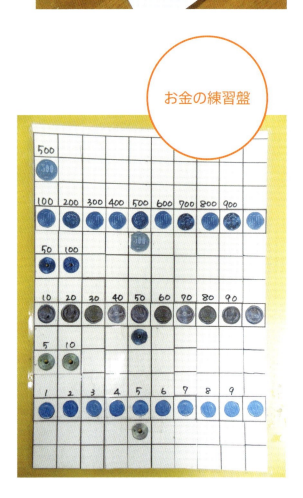

お金の練習盤

絵本、小説、新聞、
コミュニケーションボード、
音声ヘルプガイド、などです。
使ってやりとりしましょう。

使った感想を出しあってみましょう。

SOSのサインを見のがさないようにしよう

学びにくい人（知的障がいのある人）
たちは、日ごろからたくさんの
SOSを出しています。
学びにくい人たちが出している
SOSのサインを
見のがさないようにしましょう。

SOSのサインをキャッチしたら、
そのサインをどうして出したのかを
よく聴くようにしましょう。
そして、
いっしょに考えていくようにしましょう。
支援者がいればもっと理解がすすみます。

いっしょに考えて
よいヒントがうかんだら、
いっしょにそのヒントの生かし方を
考えましょう。
ヒントの生かし方が見えてきたら、
いっしょにやってみましょう。

いっしょにやっていく中で、
よい結果も見えてくると思います。

学ぶことが苦手でも、得意なことがあります。
学びにくい人たちができることがたくさんあります。
こまった顔をしている人を、笑顔(えがお)に変えられるように、
得意なことを見つけ、のばしていけるようにしましょう。

各地域の障がい者のための会に参加し、
いっしょに活動してみましょう。
いっしょに勉強してみましょう。

支援者がいれば理解がすすむ

はじめての場所で緊張しているの。もう少し待ってあげてね。

学びにくい人たちも社会で元気に生活できるようにするためには、次のようなことが必要です。

- ユニバーサルな街（まち）づくりをし、だれもがともに社会で元気に生活できるように、社会の仕組みを変えることです。

- 障がい者のための福祉（ふくし）機器を開発し、いつでも・どこでも使えるようにすることです。

- 学びにくい人たちには、付きそってくれる人や、通訳（つうやく）をしてくれる人が必要です。そのような支援者（しえんしゃ）が得られるように、福祉制度を整えることです。

リハビリテーション（機能回復訓練）で使われる工具

わたしたちは、
わたしたちの住む社会が、
学びにくい人たちも、ともに、
安心して、幸せにくらせる
ユニバーサルな社会であること、
を願っています。

わたしたちは、
「支援の原則」にもとづき、
人間としての尊厳をもった社会を
つくっていく必要があります。

ある福祉施設の「支援の原則」

● 当事者を心から尊敬しよう
● できているところ、もっている力、希望に着目しよう
● 支援の全過程に本人の参加をうながそう
● 支援にあたるものは最新の知識と技術をもつように、絶えず、努力しよう
● 支援の失敗は、支援者の失敗と考えよう

著者略歴

河東田 博（かとうだ・ひろし）

東京学芸大学特殊教育学科卒業。ストックホルム教育大学（現ストックホルム大学）大学院教育学研究科博士課程修了（Ph.D）。四国学院大学、徳島大学、立教大学教授を経て、現在、浦和大学社会学部客員教授。専門はノーマライゼーション論・障害者福祉論。主な研究領域は、スウェーデンの障害者政策・脱施設化と地域生活支援・当事者参画。

主な著書に、『スウェーデンの知的しょうがい者とノーマライゼーション』（単著、現代書館、1992年）『ノーマライゼーション原理とは何か—人権と共生の原理の探求』（単著、現代書館、2009年）『ピープル・ファースト：当事者活動のてびき』（単訳、現代書館、2010年）『脱施設化と地域生活支援：スウェーデンと日本』（単著、現代書館、2013年）『自立と福祉—制度・臨床への学際的アプローチ』（編著、現代書館、2013年）『多元的共生社会の構想』（編著、現代書館、2014年）『入所施設だからこそ起きてしまった相模原障害者殺傷事件』（単著、現代書館、2018年）等がある。

執筆協力	社会福祉法人 万葉の里 職員有志／元職員有志
	亀山悠津子、小堺幸恵、佐々木美知子、田中陽一郎、津田和久、野村朋美、樋代景子、宮川知誉子、村山 愛、安井麻莉、山田弘夫、渡邉淳子、和田朋子

本文デザイン	川本 要
カバーデザイン	河東田 文
イラスト	小島知子 他
イラスト彩色	高橋利奈 他

知っておきたい障がいのある人のSOS ❷

学びにくい人のSOS

2015年5月25日　初版1刷発行
2020年6月 5 日　初版2刷発行

著者	河東田 博
発行者	鈴木一行
発行所	株式会社ゆまに書房
	〒101-0047 東京都千代田区内神田2-7-6　電話：03-5296-0491（代表）

印刷・製本　藤原印刷株式会社
©Hiroshi Katoda 2015 Printed in Japan
ISBN978-4-8433-4590-0 C8336

落丁・乱丁本はお取替えします。定価はカバーに表示してあります。